LA
VIE FUTURE

DEVANT

LA SCIENCE

ESSAI D'INTERPRÉTATION DU DOGME DE LA VIE FUTURE

D'APRÈS

LES DONNÉES ACTUELLES DE LA SCIENCE

PAR

C. B.

ANCIEN ÉLÈVE DE L'ÉCOLE POLYTECHNIQUE

Vita mutatur, non tollitur.

PARIS

LIBRAIRIE NOUVELLE

15, BOULEVARD DES ITALIENS, 15

1896

LA VIE FUTURE

DEVANT LA SCIENCE

LA
VIE FUTURE

DEVANT

LA SCIENCE

ESSAI D'INTERPRÉTATION DU DOGME DE LA VIE FUTURE

D'APRÈS

LES DONNÉES ACTUELLES DE LA SCIENCE

PAR

C. B.

ANCIEN ÉLÈVE DE L'ÉCOLE POLYTECHNIQUE

Vita mutatur, non tollitur.

PARIS

LIBRAIRIE NOUVELLE

15, BOULEVARD DES ITALIENS, 15

1896

PRÉFACE

La présente étude essaie d'aborder la question de la survivance de l'âme humaine en s'appuyant seulement sur les données scientifiques aujourd'hui admises, et s'attachant à montrer comment le dogme religieux peut se concilier avec celles-ci.

C'est là sans doute une tentative que quelques-uns condamneront par avance, estimant que les lois tirées de la seule observation positive sont impuissantes à justifier une déduction de cet ordre ; nous croyons, au contraire, qu'à l'époque actuelle, sans rejeter les considérations philosophiques ou morales habituellement invoquées, la discussion doit toujours faire intervenir dans la mesure du possible, les principes établis par la voie scientifique, car c'est par eux surtout qu'il est possible d'entraîner maintenant l'adhésion générale de nos contemporains.

Dans l'enthousiasme qu'ont éveillé en eux les merveilleuses découvertes matérielles dont nous sommes les témoins, ils en sont venus à ne plus conserver de foi qu'en la science positive, et comme le plus grand nombre d'entre eux sont absolument hors d'état de vérifier par eux-mêmes l'exactitude des principes qu'ils doivent admettre, l'Académie des Sciences a pris à leurs yeux, suivant une expression restée célèbre, toute l'autorité morale qu'avaient les anciens conciles de la foi religieuse dans l'esprit de nos pères.

Par une conséquence exagérée d'un principe juste d'ailleurs, ils arrivent donc à rejeter, comme une affirmation vaine et dénuée de fondement, toute idée dogmatique et même parfois toute conception d'un devoir moral, parce que dans leur esprit celles-ci ne peuvent pas se rattacher directement aux données de la science positive.

Un pareil état d'âme, aujourd'hui si fréquent, constitue certainement la cause profonde du désarroi moral de notre époque, et c'est là une situation qui restera sans remède, si l'on ne se décide pas à transporter la discussion sur le seul terrain où elle n'est pas rejetée de prime abord, en prenant comme point de départ les lois aujourd'hui admises par la science positive.

C'est la tâche que nous avons voulu aborder dans l'examen de la question de la vie future, en essayant de montrer comment l'idée de la survivance se rattache, par une conséquence que nous croyons nécessaire, à ces lois démontrées.

Nous recherchons en même temps comment le dogme religieux peut se mettre en concordance avec celles-ci, en nous en tenant toutefois aux seules données générales que la science peut aujourd'hui discuter utilement. Nous n'avons pas voulu aller au delà, et nous avons préféré laisser la théorie incomplète plutôt que de reprendre au nom de la science des hypothèses plus détaillées, fort séduisantes, d'ailleurs, mais encore insuffisamment établies ; le dogme peut se croire, en effet, toujours autorisé à les répudier, jusqu'au jour fort lointain sans doute encore, où elles pourront s'appuyer sur l'observation positive des faits.

LA VIE FUTURE

DEVANT

LA SCIENCE

ESSAI D'INTERPRÉTATION DU DOGME DE LA VIE FUTURE
D'APRÈS LES DONNÉES ACTUELLES DE LA SCIENCE.

Le problème de la vie future est agité par l'humanité depuis l'éveil de la pensée sans avoir pu jamais recevoir une solution définitive, et l'énigme rebelle qui met en présence des données contradictoires est toujours là, devant nous, aussi attrayante et aussi insaisissable qu'aux premiers jours : l'être intelligent et responsable qui sent en lui-même, dans toutes les aspirations de sa conscience, épris de justice et d'idéal, la nécessité absolue de retrouver dans un monde meilleur la réparation des maux de la vie présente, ne peut cependant réussir à confirmer son rêve du moindre indice tangible, et il en est réduit aux seules ressources de son imagination pour se représenter cette existence nouvelle dont la conception s'impose à lui.

Malgré cette antinomie primordiale qu'apporte avec elle la notion de la vie future, l'humanité n'a jamais pu la rejeter, quelque effort qu'elle ait fait, et, à mesure que s'est poursuivi son développement moral au cours de l'histoire, le principe en est apparu plus vivace parmi les civilisations et les races les plus diverses et il est devenu le dogme fondamental de toutes les religions. C'est par lui qu'elles conduisent les humains, qu'elles inspirent le dévouement et consolent le malheur, et c'est ainsi qu'il imprime son caractère indéniable dans l'histoire publique et privée.

Si toutefois le principe a subsisté ainsi à travers les âges, le dogme qui l'exprime n'est pas resté immuable; il a dû revêtir des formes diverses avec les religions différentes, et, même dans celles où il a conservé une formule unique, il a dû accepter des interprétations variables, et se modifier avec les idées admises touchant le monde physique et moral.

Sous peine, en effet, de n'être plus qu'une spéculation vaine, qui perd toute autorité en perdant tout appui dans la réalité, la doctrine doit être en mesure de s'adapter aux lois démontrées sur les points qui confinent à son domaine ; et, si la vérification directe des postulats qu'elle implique reste encore impossible, elle doit prouver du moins que l'extension qu'elle sollicite est légitime et ne soulève aucune contradiction essentielle. Cette obligation s'impose du reste avec d'autant plus de rigueur à une époque où la certitude scientifique est devenue pour ainsi dire la seule indiscutée.

En ce qui concerne spécialement les religions chrétiennes, l'immutabilité du dogme n'a pas empêché ces variations d'interprétation qui se sont produites à plusieurs reprises ; à notre époque, en particulier, ces modifications doivent devenir plus profondes encore, si l'on tient compte de l'immense ébranlement produit dans les idées, des aperçus nouveaux introduits dans toutes les branches des connaissances humaines, par les progrès des sciences expérimentales.

Les phénomènes ignorés qui ont trouvé leur explication, les lois nouvelles dont ils ont amené la découverte, nous ont apporté de l'univers une conception différente, établie sur des bases précises qui autrefois faisaient défaut, et cette conception est appelée certainement à réagir tôt ou tard sur celles qui se rattachent à la vie future. Aussi le problème est-il étudié de nos jours, et, surtout dans les pays protestants, avec une ardeur nouvelle, par les esprits les plus divers, apologistes religieux, savants et philosophes, et, s'il était permis d'invoquer l'actualité à propos d'une question éternelle, nous dirions qu'elle la possède aujourd'hui à un degré tout particulier : on pourrait, en effet, constituer une bibliothèque entière avec les ouvrages qu'elle a fait surgir depuis quelques années seulement.

Cette agitation et ces controverses toujours pendantes sont inspirées principalement par des préoccupations dogmatiques, mais elles ne craignent point de chercher leurs arguments dans les théories scientifiques les plus récentes, dans celles mêmes qui sont encore contestées à certains points de vue, comme la doctrine de l'évolution : car elles estiment avec raison que la vérité religieuse ne doit pas se trouver en contradiction formelle avec la vérité d'observation. Il faut ajouter qu'elles n'ont pas été infécondes, même au point de vue philosophique, car elles sont arrivées, comme on le verra plus loin. à renouveler ce problème de l'immortalité qui ne paraissait pas pouvoir se trancher autrement que par une affirmation ou une négation : elles ont pu formuler dans l'immortalité conditionnelle une solution intermédiaire qui sera une vive surprise pour la plupart de nos concitoyens.

Cette théorie si curieuse, — sur laquelle nous reviendrons au cours de cette étude, en résumant les variations d'interprétation du dogme traditionnel, — a été en grande partie le point de départ de l'agitation que nous venons de signaler ; et, après avoir soulevé les plus vives discussions dans les pays de langue anglaise, elle ne cesse, dit M. Sabatier, de gagner des adhérents dans les facultés de théologie et le clergé protestants.

En France, nous ne rencontrons pas des controverses aussi ardentes ; cependant la question est également discutée aujourd'hui, non sans fruit, particulièrement au point de vue scientifique. A côté des apologistes religieux qui demandent à la science des arguments pour appuyer le dogme traditionnel, des savants éminents ont ouvert la voie à une interprétation nouvelle du problème : reprenant sous des formes diverses l'idée du philosophe Jean Reynaud, ils se sont attachés, en s'appuyant sur la théorie de la pluralité des mondes, à trouver dans les terres du ciel, dans ces mondes innombrables semés à profusion à travers l'espace, le théâtre de l'évolution de la vie future. D'autres, au contraire, se plaçant au seul point de vue de l'observation sensible, insistent sur ce fait que les progrès scientifiques n'apportent aucune expérience positive pouvant appuyer la notion de l'existence réelle dans l'être humain d'une âme indépendante: ils font ressortir, comme l'a fait récemment M. Bourdeau dans son *Étude sur le Problème de la Mort*, la vanité des conceptions que nous pouvons nous former sur une existence ultra-terrestre poursuivie dans des conditions différentes de la vie actuelle, et ils en concluent à la négation de toute vie future.

La question reste ainsi discutée, aussi ardemment que jamais, à tous les points de vue qu'elle peut comporter : d'autre part, un grand nombre de nos contemporains, justement effrayés de l'état d'âme auquel peuvent arriver certains esprits dirigés exclusivement par des notions scientifiques mal interprétées, en viennent à se demander si cette incompatibilité qu'on se plaît trop souvent à proclamer entre le dogme et la science autorise vraiment à renoncer à des conceptions considérées jusqu'à présent comme un élément nécessaire de l'ordre social.

Nous voudrions essayer de répondre à ces préoccupations en reprenant la question à un point de vue peut-être un peu nouveau, afin de montrer comment il nous paraît possible de donner du dogme traditionnel une interprétation qui soit en concordance avec les déductions tirées des théories de la science actuelle.

Nous croyons devoir, tout d'abord, afin de justifier la tentative présente aux yeux des croyants, résumer en un premier chapitre les interprétations variées que le dogme a subies dans le passé. Au chapitre suivant, nous examinerons la question scientifique et nous exposerons les considérations qui nous paraissent témoigner en faveur de l'existence d'une âme immatérielle : nous montrerons que l'observation des phénomènes de toute nature nous conduit à admettre la réalité objective d'un élément dynamique, invisible et impondérable, répandu à travers l'univers, indépendant de la matière, mais se révélant à nous seulement par son intermédiaire, dans l'impulsion qu'il lui communique. C'est là sans doute une notion qui n'est pas encore généralement admise; elle nous paraît pourtant s'imposer, en raison de l'impossibilité de trouver, comme nous le dirons plus loin, une explication satisfaisante des faits dans les théories fondées sur la considération d'un mouvement préalable simplement transformé sans l'intervention d'une cause indépendante.

Partant de là, nous nous autorisons de ce grand principe de la permanence de l'énergie, qui est devenu aujourd'hui la base de toutes les conceptions scientifiques, pour en conclure que l'élément dynamique traverse toutes les manifestations qu'il revêt en s'y transformant seulement sans se détruire jamais ; et, cette loi bien établie pour le monde inanimé, nous l'étendons aux forces de la vie, et plus haut encore, à l'âme elle-même, considérée comme une force consciente et raisonnable.

Cette notion de la survivance ainsi posée, nous essayons, dans un troisième et dernier chapitre, d'en entrevoir au moins le but essentiel, et nous le cherchons dans cette idée de l'effort continu des triples facultés de l'âme humaine vers la perfection infinie dont elle porte en elle la notion. L'âme reprend ainsi après la mort, si elle en est restée capable, son développement vers le but divin dans l'état que lui a fait son existence terrestre, et, dès lors, elle traverse dans le cas général, un purgatoire progressif, dont le ciel et l'enfer sont les limites extrêmes.

Nous ne nous flattons certainement pas du vain espoir d'apporter dans ce travail une doctrine capable de répondre à toutes les objections fondées, de résoudre, en un mot, l'énigme insoluble de la vie ; tout ce qu'on peut demander à des hypothèses de cet ordre, c'est de s'appuyer dans la mesure du possible sur les faits observés et sur les lois qu'il est légitime d'en déduire, de manière à justifier ainsi les inductions inévitables sur les points que l'expérience ne peut atteindre.

1

Interprétations diverses du dogme de la vie future. — L'immortalité dans l'Ancien Testament, le Nouveau et la primitive Église. — Variations d'interprétations du dogme traditionnel considérées au point de vue moral ; — au point de vue expérimental. — Nécessité d'une extension nouvelle d'interprétation.

INTERPRÉTATIONS DIVERSES DU DOGME DE LA VIE FUTURE

Les variations d'interprétation qu'a subies au cours des âges le dogme traditionnel de la vie future peuvent être considérées à deux points de vue : l'un purement moral, l'autre en quelque sorte expérimental.

Tantôt, en effet, les hommes se sont attachés seulement à la notion même de la destinée à venir, et les conceptions successives qu'ils s'en sont formés ont été déterminées surtout par le progrès ou plutôt par l'évolution des idées morales, des considérations de justice et d'équité auxquelles ils cherchaient à donner satisfaction.

Ailleurs, ils ont cherché à discuter, d'après la méthode expérimentale, les postulats du dogme qui intéressent le monde sensible : comme la résurrection des corps et la réalité matérielle des emplacements affectés au séjour des êtres qui ont quitté la vie terrestre. Ils ont pu apporter dans le débat des observations et des inductions établies d'une façon plus ou moins directe sur les données scientifiques admises, et les conceptions ainsi dégagées sur ces points particuliers ont pu acquérir une autorité particulière qui ne s'attache pas aux considérations purement morales.

L'IMMORTALITÉ DANS L'ANCIEN TESTAMENT, DANS LE NOUVEAU, ET LA PRIMITIVE ÉGLISE

Si nous remontons jusqu'à l'Ancien Testament, nous n'y rencontrons nulle part la doctrine de l'immortalité de l'âme telle que nous la comprenons aujourd'hui, et c'est à peine si quelques versets isolés y font une allusion lointaine. Cette notion apparaît seulement dans les livres deutéro-canoniques, vers l'époque de l'avènement du Christ, sous l'influence des idées platoniciennes, et dans les doctrines de certaines sectes particulières, comme celle des Pharisiens. Le Pentateuque parle seulement du Schéol, sorte de caverne obscure où sont réunies les âmes des morts dans un sommeil inconscient. La résurrection est entrevue plus tard au livre d'Isaïe, annoncée par Ezéchiel. puis formellement confirmée par le prophète Daniel.

Cette résurrection, d'ailleurs, doit porter sur l'être humain tout entier : elle intéresse le corps au même titre que l'âme, et elle doit ramener au jour sur la terre les êtres justes qui trouveront dans cette nouvelle existence la récompense de leurs vertus, confirmant ainsi la parole de Moïse qui leur promet une rémunération terrestre.

Quant aux méchants, il ne semble pas que la résurrection s'applique également à eux; si elle le fait, ce sera seulement au jour du jugement qui leur apportera le châtiment de leurs fautes, après quoi ils subiront la mort seconde, définitive et irrémissible. Leur disparition ne laissera plus alors sur la terre que les fidèles serviteurs de Dieu; car, suivant l'expression du prophète-roi : « tous les coins de la terre se conver-
» tiront à l'Éternel, et toutes les familles des peuples se por-
» teront devant lui ».

Si la notion de la vie future manque de précision dans l'Ancien Testament, elle est, au contraire, formellement indiquée dans le Nouveau, qui étend au monde à venir les promesses et les menaces formulées jusque-là pour la vie terrestre.

L'idée fondamentale de l'enseignement de Jésus, c'est qu'il vient, au nom du Père, apporter le salut et la vie à ceux qui croient en lui : son royaume n'est pas de ce monde; ses disciples devront, au contraire, souffrir sur la terre à cause de lui, mais ils trouveront plus tard dans son paradis la récompense de leurs vertus.

Les justes ainsi rachetés par le Sauveur posséderont la vie, mais les méchants seront à jamais détruits, et cette conception qui oppose la vie des justes à la mort des pécheurs se retrouve à chaque pas dans l'Évangile. C'est même cette opposition qui fournit à la nouvelle école protestante son principal argument pour défendre au point de vue religieux la doctrine de l'immortalité conditionnelle dont nous avons parlé en commençant; elle considère, en effet, que ces expressions de mort et de vie, si fréquemment employées au livre sacré, doivent être entendues dans leur sens littéral et elle rejette absolument le sens figuré du dogme traditionnel. Elle en conclut que, dans l'Évangile, l'immortalité n'apparaît pas comme une prérogative nécessaire de l'âme humaine, mais simplement comme un don gracieux que le Christ rédempteur est venu concéder à ceux qui croient en lui et veulent participer à ses grâces. Le pécheur qui rejette la faveur divine est un malheureux qui suicide son âme et la laisse périr de maladie en refusant de participer à l'immortalité qui lui est offerte; il est condamné, dès lors, à disparaître définitivement à un moment donné par une sorte de consomption lente; son âme survivra, sans doute, quelque temps après la mort pour subir le châtiment qui l'attend, mais, si elle ne fait rien pour s'amender et guérir le mal qui la ronge, elle succombera sûrement à la mort seconde, et retombera dans le néant. La punition qui la châtie est bien éternelle, mais seulement dans ses effets, par la destruction qu'elle entraîne avec soi, et non point par l'immortalité de la conscience qui la subit[1].

D'après les conditionnalistes, cette opinion était celle des chrétiens de la primitive Église; et l'on peut trouver, en effet, divers passages à l'appui dans les épîtres des Apôtres et dans les écrits laissés par les premiers Pères de l'Église.

En ce qui concerne saint Paul, en particulier, les conditionnalistes sont d'accord pour affirmer que leur doctrine exprime mieux que toute autre la pensée du grand apôtre: « Dans les nombreux passages où Paul s'exprime sur le sort des méchants, dit M. Babut, et on en a compté vingt-cinq, il emploie des termes qui éveillent l'idée de destruction. Une ou deux fois, il parle de tribulations et de souffrances, mais il n'ajoute jamais que cette souffrance sera sans fin[2]. »

Il semble même déjà que l'épreuve commencée sur la terre peut être poursuivie dans un autre monde : car il est parlé d'une prédication de l'Évangile faite aux morts dans un curieux passage de la première épître de saint Pierre (chap. III, 18, 20, IV, 6).

Quoi qu'il en soit de l'opinion des premiers chrétiens, la théorie conditionnaliste n'a pas prévalu dans l'Église naissante; dès le ıv⁰ siècle, en effet, sous l'influence de l'ancienne philosophie grecque et de l'enseignement de saint

---

1. Consulter à ce sujet l'ouvrage du Dʳ Hunt : *L'Immortalité conditionnelle ou la vie en Christ*, qui a été le point de départ de la théorie conditionnaliste, et surtout *le Problème de l'Immortalité*, par M. Pétavel-Olliff, ancien pasteur, qui a réuni avec grand talent dans cet ouvrage tous les arguments de l'école.

2. Cf. Rom. VI, 23; VIII, 13; 2⁰ Thessal. I, 9; Philipp. III, 18. 19; Tim. VI, 16; 1⁰ Corinth. III, 16, VI. 19. etc.

Augustin, le dogme religieux est devenu nettement universaliste, et, depuis lors, il s'est conservé tel sans aucune modification de principe.

VARIATIONS D'INTERPRÉTATIONS DU DOGME TRADITIONNEL, CONSIDÉRÉES AU POINT DE VUE MORAL

D'après la donnée traditionnelle ainsi constituée, l'âme humaine possède l'immortalité native et ne peut plus retourner au néant; elle reprend après la mort une existence nouvelle dans un milieu approprié, ciel ou enfer, où elle reçoit la récompense ou le châtiment des actes de sa vie terrestre. Sa destinée est fixée aussitôt après la mort, mais une répartition définitive des êtres, bons et méchants, aura lieu toutefois à la fin des temps, après la résurrection des corps, dans un jugement dernier auquel comparaîtront tous les humains; à ce moment, le monde matériel prendra fin dans un cataclysme universel, et il ne subsistera plus dans l'éternité que les deux séjours opposés, ciel ou enfer, avec leurs habitants, élus ou damnés. Les élus jouiront éternellement de la vue de Dieu, qui constituera pour eux le bonheur suprême : et les damnés souffriront aussi pour l'éternité, car ils ont commis une faute infinie en offensant la majesté divine au cours de leur vie terrestre, et la justice exige d'eux une expiation également infinie.

Partant de cette conception, l'on peut admettre que toujours l'âme pénètre immédiatement, à l'instant de la mort terrestre, dans celle des deux éternités opposées qui l'attend, et que, par suite, si elle n'a pas su acquérir la pureté nécessaire pour entrer directement dans l'éternité heureuse, elle est condamnée aussitôt aux souffrances de la damnation sans fin. Ce sort malheureux est, du reste, celui qui attend dans ce cas la grande généralité des hommes : presque tous, en effet, se laissent distraire, dans la vie, par la préoccupation des intérêts terrestres et ne font que des efforts insuffisants pour mériter le bonheur éternel.

C'est là une conséquence qui nous apparaît aujourd'hui comme étant d'une cruauté excessive, car le supplice qu'elle inflige nous semble hors de proportion avec la faute commise; elle devient même particulièrement odieuse lorsqu'elle se combine, d'autre part, avec le dogme de la prédestination, puisqu'elle condamne, dès leur naissance, au malheur éternel, des êtres qui n'ont pas demandé la vie et qui sont incapables de modifier l'arrêt fatal porté contre eux par un créateur cruel.

Aussi, bien que cette doctrine absolue constitue encore le dogme traditionnel du protestantisme, on peut dire qu'elle est aujourd'hui abandonnée tacitement par un grand nombre de pasteurs et de fidèles, et elle disparaît en fait de l'enseignement des églises réformées.

Tout en partant des mêmes données, le catholicisme, au contraire, a su trouver dans l'Évangile une interprétation plus humaine et plus juste en créant un lieu intermédiaire entre les deux éternités opposées : c'est le purgatoire, où l'âme chargée seulement de fautes vénielles peut les expier et acquérir les mérites nécessaires pour devenir digne de l'éternité bienheureuse. Le purgatoire est destiné à durer aussi longtemps que l'univers, et il recule ainsi jusqu'à la fin du monde, le moment où il ne subsistera plus que les élus et les damnés.

Il présente, en outre, l'avantage d'assigner un but à la communion des âmes par delà la tombe; les fidèles survivants savent en effet que le souvenir affectueux gardé à ceux qu'ils ont aimés, les prières qu'ils adressent pour eux, les mérites qu'ils acquièrent en leur nom, ne sont pas perdus, mais contribuent à leur soulagement et à leurs progrès, et hâtent ainsi le moment bienheureux de leur admission au paradis.

De leur côté, les âmes ainsi soulagées peuvent alors venir en aide aux fidèles qui sont encore sur la terre, en leur suggérant les pensées et les inspirations qui doivent les guider dans la voie du bien. C'est ainsi que le purgatoire apparaît comme un élément nécessaire dans la coordination du plan divin qui assure à tous les fidèles la communion et l'appui dont ils ont besoin pour mériter le bonheur éternel. C'est un concert harmonieux de charité, de prières et de sacrifices, où l'Église triomphante appelle à elle l'Église militante, et celle-ci, en même temps, soulage et purifie l'Église souffrante.

Ce dogme du purgatoire, qui nous paraît maintenant si essentiel, est resté cependant dédaigné pendant fort longtemps : les chrétiens des âges passés n'y voyaient qu'une solution tout exceptionnelle sans aucune application justifiée, une concession malheureuse à la faiblesse humaine, tandis que nous y trouvons aujourd'hui le meilleur témoignage de l'équité divine. On peut dire, en effet, avec un éminent pasteur, que si aujourd'hui le protestantisme paraît incapable de provoquer des conversions, si la prédication en est quelque peu inféconde, cela tient, en grande partie, à l'absence du purgatoire dans la doctrine qu'il enseigne, tandis que cette notion a donné au dogme catholique toute la souplesse convenable pour s'adapter aux conceptions successives que les hommes se sont formées de la justice divine. C'est elle, en. effet, qui nous permet aujourd'hui d'atténuer, dans la mesure nécessaire, cette notion trop implacable de l'enfer antique avec son cortège de souffrances éternelles et sans fruit, n'ayant d'autre but que d'attester la puissance du Dieu vengeur. Nous y adjoignons ainsi un enfer temporaire que nous appliquons instinctivement, d'une façon plus ou moins formelle, à la grande généralité des hommes, et qui nous paraît concilier à la fois les exigences de la justice et de la bonté divines tout en respectant le dogme traditionnel.

VARIATIONS CONSIDÉRÉES AU POINT DE VUE EXPÉRIMENTAL

Les interprétations diverses que nous venons de résumer reposent exclusivement, comme on voit, sur des considérations morales, et il nous reste à examiner celles qui procèdent du point de vue expérimental. Ainsi que nous l'avons remarqué en commençant, ces divergences affectent surtout les deux postulats qui intéressent le monde sensible, comme la notion de la résurrection des corps et celle de la réalité matérielle des lieux de récompense et de punition éternelles.

Le dogme admet, en effet, que les destinées futures prévues pour l'âme humaine s'appliquent aussi au corps qu'elle habitait durant sa vie terrestre : d'après une tradition qui a laissé un écho dans le *Credo*, ce corps est appelé à ressusciter à la fin du monde afin d'aller retrouver l'âme dont il était séparé, comparaître avec elle au jugement dernier, et partager son sort éternel dans une union désormais immuable et incorruptible.

Pendant longtemps, cette résurrection de la chair s'est

entendue comme une réorganisation effective du corps matériel ; mais, peu à peu, les notions nouvelles sur l'organisation des êtres vivants nous ont montré la nécessité de modifier cette interprétation trop rudimentaire. Nous avons reconnu, qu'il était impossible de concevoir la restitution intégrale du corps avec les mêmes molécules matérielles qui l'avaient composé de son vivant, car ces molécules sont elles-mêmes dans un état de circulation incessant : elles ne font que traverser l'être organisé dont elles font provisoirement partie, et chaque instant de la vie apporte des éléments nouveaux en remplacement d'éléments épuisés qui sont rejetés par le jeu des fonctions vitales. Ces molécules se transmettent ainsi continuellement d'un corps vivant à un autre, passant de l'homme à la plante, puis à l'animal, pour revenir ensuite à l'homme. Celles qui, à l'instant présent, constituent notre corps, ont animé avant nous des millions d'autres êtres, et elles en animeront une infinité d'autres encore jusqu'à la suppression définitive de la vie. Nous ne *possédons* pas, dans la véritable acception de ce terme, les éléments primordiaux de ce corps, qui paraît cependant notre propriété essentielle, nous n'en sommes que les détenteurs à titre précaire, aussi impuissants à les conserver en nous qu'à retenir dans la durée l'instant qui s'échappe et fuit.

Il résulte de là évidemment que la résurrection de la chair ne peut pas s'entendre d'une restitution à l'identique, mais seulement de cette forme presque immatérielle qui se révèle dans les apparitions en reprenant pour un instant dans le monde sensible, par un mode d'action qui nous échappe absolument, l'apparence exacte d'un corps terrestre irrémédiablement désorganisé.

L'examen de la seconde question, celle de la réalité effective des emplacements affectés aux destinées futures, appelle du reste une interprétation analogue, et montre aussi l'impossibilité de la résurrection de la chair entendue dans le sens littéral. On sait, en effet, que l'enfer, par exemple, a été défini longtemps d'après la conception antique : c'était un lieu réel, situé dans les profondeurs de la terre, où les damnés devaient éprouver des souffrances physiques, étant brûlés sans être consumés sous l'action d'un feu sans fin, souffrant d'une soif inextinguible, et châtiés dans les membres qui avaient particulièrement péché. On aurait pu observer sans doute que l'âme, étant purement immatérielle, ne peut être atteinte par ces souffrances physiques, et l'enfer ainsi constitué ne peut exercer son action pendant la durée du monde actuel, mais seulement après la résurrection des corps, qui coïncidera avec la fin des temps. Il ne semble pas toutefois que cette objection ait autrement préoccupé les esprits; et au cours du moyen âge, l'imagination des prédicateurs et des poëtes se donnait libre carrière dans le développement de ce thème de la variété infinie des supplices matériels de l'enfer.

Le ciel, de son côté, était considéré comme un lieu défini, situé par delà les nuages, au-dessus du firmament, de cette grande voûte solide constellée d'étoiles qui forme l'escabeau de la divinité; le soleil éclaire les élus de sa brillante lumière, et, suivant l'expression du poëte :

> ...A *leurs* pieds il se balance
> Comme une lampe de vermeil.

Cette conception matérielle resta acceptée sans contestation tant que la terre put être considérée comme occupant le centre du monde, et le genre humain comme constituant le seul spécimen possible des créatures corporelles intelligentes.

Le jour vint pourtant où la voûte céleste s'entr'ouvrit: de nouveaux mondes apparurent à nos yeux épouvantés, et notre terre se trouva déchue en même temps de sa primauté antique; la reine de l'univers devint une humble satellite du soleil, perdue parmi les autres planètes ses sœurs. Le soleil lui-même ne fut plus qu'une modeste étoile jetée au hasard parmi des millions d'autres dans la même nébuleuse, et entraînée avec elles par une force supérieure vers un but inconnu. Ce n'est pas tout encore: cette grande nébuleuse elle-même, cet amas de mondes qui confond déjà notre imagination, et devant qui notre terre est moins qu'un atome, cette nébuleuse n'est encore qu'un élément de l'univers agrandi, dont les profondeurs insondables recèlent d'autres amas de mondes illimités comme elle.

Dans cet espace sans fin où les mondes sont jetés comme autant de grains de sable, vous cherchez en vain l'emplacement de ces séjours de récompense et de punition affectés aux

morts de la vie terrestre et qui devaient constituer en quelque
sorte la fin dernière de la création. Ils se sont évanouis à tout
jamais, cet enfer ou ce purgatoire cachés dans les cavernes de
la terre, ou cet empyrée qui s'appuyait sur la voûte du firmament. Aussi la nouvelle interprétation s'est-elle imposée ; et
aujourd'hui, pour la plupart des théologiens et beaucoup de
fidèles, ce ne sont plus des endroits localisés, mais de simples
états de l'âme immatérielle, heureuse ou malheureuse, auxquels
le corps humain ne peut évidemment pas participer dans son
état actuel.

Le Dieu esprit occupe tout l'espace sans se localiser spécialement dans un endroit déterminé ; donc, partout aussi les
âmes peuvent êtres admises à cette contemplation de ses perfections infinies qui constitue la béatitude suprême, et le ciel
n'a plus besoin déjà d'une existence matérielle.

NÉCESSITÉ D'UNE EXTENSION NOUVELLE D'INTERPRÉTATION

Lorsqu'on examine d'autre part, dans toute sa portée cette
révolution que les découvertes astronomiques ont causée
dans la conception générale de l'univers, on est forcé de reconnaître que cette nouvelle interprétation n'est pas encore
absolument satisfaisante, et on sent le besoin de la modifier une
fois de plus pour la généraliser davantage et la rendre appli-
cable à toutes ces terres sans nombre que nous venons de dé-
couvrir.

Nos vues se sont élargies, nous devenons solidaires de ces
mondes lointains gouvernés par les mêmes lois mécaniques-
que le nôtre, et nous en concluons qu'une théorie des destinées futures ne peut pas être complète si elle n'en tient
compte ; il est impossible de concevoir que notre terre puisse
posséder à elle seule le monopole de la vie intelligente, et les
autres planètes, souvent plus importantes qu'elle, doivent avoir,
elles aussi, à une période déterminée de leur existence, leurs
habitants raisonnables dont les destinées soient analogues
aux nôtres.

Qu'on ne dise pas que c'est là une simple conception gra-
tuite dont il est oiseux de se préoccuper : car cette notion de
la pluralité des mondes habités s'impose à nous avec tous les

caractères de l'évidence morale, et le temps n'est pas loin, sans doute, où nous pourrons en recueillir des preuves matérielles.

Il ne peut encore s'agir évidemment d'entrer en communication avec les mondes planétaires. Cet échange d'idées avec nos voisins probables des planètes Mars ou Vénus apporterait un contingent peut-être décisif à l'étude des problèmes qui tourmentent l'humanité ; malheureusement, c'est un rêve qui paraît irréalisable dans l'état actuel de nos connaissances, et nous ne voyons même pas encore dans quelle voie on pourrait en espérer la solution.

Cependant, s'il nous est interdit de correspondre jamais avec un monde autre que le nôtre, nous pouvons admettre sans témérité excessive que, prochainement, il sera possible d'obtenir des planètes voisines des images assez détaillées pour apporter la trace matérielle apparente de l'activité intelligente des habitants qui les occupent.

Comme c'est là un point essentiel dans notre étude, nous croyons intéressant d'y insister, en exposant ici le principe d'une méthode qui n'a pas encore été indiquée, croyons-nous, mais qui nous paraît susceptible de fournir la solution cherchée.

Le problème consiste, évidemment, à retrouver dans l'image de la planète l'aspect des monuments importants, des groupements d'habitations, des grands travaux d'art, comme les chemins, les routes ou les canaux qu'elle peut comporter; mais, par malheur, ces détails si essentiels n'ont qu'une étendue infime, et ils disparaissent inévitablement dans les vues que nous pouvons obtenir jusqu'à présent. Il faudrait donc amplifier dans des proportions énormes les diamètres des instruments d'observation ; mais on reconnaît bientôt que ce procédé, si limité déjà dans l'application pratique, est encore insuffisant, car les images ainsi obtenues manquent absolument de netteté par défaut d'éclairage. Nous ne pouvons pas augmenter la quantité de lumière reçue de l'astre observé : la question resterait donc insoluble à moins de trouver le moyen de renforcer l'image obtenue, par un procédé artificiel respectant l'intensité relative d'éclairage des divers points qui la composent, afin de ne pas en modifier l'aspect.

Nous croyons que cette question pourra trouver sa solution dans les recherches actuellement en cours pour la transmission des images par l'électricité, pour l'organisation, en un mot, de l'appareil *téléphote* qui est appelé à compléter si heureusement le téléphone.

Les résultats déjà entrevus dans cette voie permettent d'espérer que la réalisation ne se fera pas trop attendre, et nous verrons bientôt, sans doute, une image fournie dans un poste expéditeur, qui se transformera en un courant électrique pour se restituer identiquement au poste récepteur.

Si, devançant l'événement, vous consentez à tenir déjà cette invention pour un fait acquis, vous reconnaîtrez, croyons-nous, qu'il serait possible d'appliquer le même principe à l'amplification des images planétaires : il suffira de transformer en courant électrique les images affaiblies dont nous sommes obligés de nous contenter actuellement, et nous pourrons ensuite amplifier ce courant pour en déduire une image renforcée, permettant cette observation détaillée qui devra nous apporter le témoignage cherché de l'existence d'une activité intelligente dans les mondes autres que le nôtre.

Quelle que soit la valeur de cette méthode, dont l'application reste évidemment subordonnée à une invention non encore réalisée, nous considérons comme inévitable que, dans un temps peu éloigné, les observations astronomiques nous apporteront la preuve irréfragable qui forcera toutes les adhésions, lors même qu'il resterait impossible d'échanger aucune communication avec les humanités planétaires ; et nous croyons, en conséquence, qu'une théorie actuelle de la vie future ne peut pas se désintéresser de leur existence.

Ces diverses considérations nous paraissent bien établir d'une façon incontestable la nécessité d'élargir le dogme traditionnel pour en tirer une interprétation mieux adaptée à nos connaissances actuelles, et complétant ainsi celles que nous venons de résumer. C'est là certainement, du reste, l'impression générale de nos contemporains, et l'ardeur avec laquelle la question est étudiée aujourd'hui en fournit la meilleure preuve ; il nous sera donc permis de la reprendre à notre tour, en partant de considérations tirées de la science positive, et nous examinerons ensuite comment le dogme peut se concilier avec les inductions ainsi obtenues.

Il ne peut s'agir, évidemment, d'en discuter les données

fondamentales comme celles de l'incarnation et de la rédemption; nous ne voyons pas en effet, que les découvertes scientifiques puissent autoriser aucune tentative de ce genre,
quelle que soit l'opinion adoptée sur la pluralité des mondes.
Nous ferons observer seulement que, d'après une interprétation qui paraît s'imposer aujourd'hui, la mort prévue de
notre globe terrestre, par action violente ou refroidissement
gradué, ne saurait entraîner la destruction du reste de l'univers; peut-être donc est-il possible de reporter jusqu'à la fin
des temps le cataclysme général qui doit accompagner le
jugement dernier, et, par suite aussi, la durée du purgatoire,
qui survivrait ainsi à la terre pendant un temps presque illimité.

II

Idée fondamentale de la conception scientifique de l'univers. — Permanence de la
matière. — Permanence de l'énergie. — Réalité objective des forces inanimées. — Réalité objective des forces vitales. — Réalité objective des forces
conscientes.

IDÉE FONDAMENTALE DE LA CONCEPTION SCIENTIFIQUE
DE L'UNIVERS

La question primordiale soulevée par le problème de la vie
future est évidemment celle de l'existence réelle de l'élément
immatériel, conscient et raisonnable, de l'âme, en un mot, à
qui cette vie nouvelle est réservée. C'est à cette question que
nous allons nous attacher spécialement dans le présent chapitre, en montrant que l'âme doit être considérée comme une
force indépendante au même titre que les forces diverses
dont nous constatons à chaque instant les effets dans les phénomènes de toute nature.

Nous allons exposer à cet effet la conception que la science
se fait actuellement de l'univers, et montrer comment elle
se trouve forcée d'admettre à côté de la matière l'existence
d'éléments impondérables, parmi lesquels arrive nécessairement la force consciente, et nous conclurons que celle-ci
doit obéir également à cette même loi de permanence qui régit
toutes les manifestations de l'énergie.

2

L'observation la plus simple des phénomènes extérieurs nous montre la matière comme inerte par elle-même, et incapable de trouver en soi, en dehors d'une action étrangère, le principe des transformations incessantes qu'elle subit. Nous ne pouvons en faire dès lors l'unique élément constitutif de l'univers, et nous sommes amenés à concevoir à côté d'elle un élément dynamique de nature toute différente, qui se révèle, non à l'observation sensible, mais seulement à l'induction théorique, par les effets qu'il provoque en apportant à la matière l'impulsion qui lui fait défaut.

Sans discuter, quant à présent, la réalité objective de cet élément impondérable, de ces forces dont l'idée s'impose à nous pour l'explication du moindre phénomène, nous pouvons ajouter que, par leurs effets, celles-ci se rattachent à deux groupes bien distincts, suivant qu'elles intéressent ou non les phénomènes de la vie, les êtres susceptibles de développement ; et nous concevons ainsi les forces inanimées ou éléments purement dynamiques par opposition aux forces vivantes ou éléments animiques.

Nous arrivons, par suite, à ébaucher cette première notion, qui voit dans les phénomènes de l'univers le jeu de ces trois éléments irréductibles : la matière pondérable, les forces mécaniques et les forces vivantes. Parmi celles-ci, nous aurons à distinguer les forces purement vitales, présidant par une action aveugle au développement matériel des êtres, et les forces conscientes, qui prennent un caractère absolument distinct par le fait de leur conscience.

Ce n'est là encore, toutefois, qu'une simple présomption, qui peut être confirmée ou contredite par des expériences précises ; et nous devrons évidemment la rapprocher des résultats acquis déjà par les sciences d'observation, en recherchant comment celles-ci conçoivent aujourd'hui chacun des facteurs de cette distinction fondamentale.

PERMANENCE DE LA MATIÈRE.

La matière pondérable qui forme le premier de ces facteurs ne rentre pas directement dans notre étude, et nous n'avons pas à nous y arrêter, si ce n'est pour rappeler qu'elle nous fournit déjà un premier exemple de cette loi de permanence que nous aurons à invoquer en parlant de l'élément dynamique.

Nous savons, en effet, que les corps extérieurs, malgré la grande diversité de leurs propriétés et de leurs aspects, se ramènent à un petit nombre d'éléments primordiaux de nature simple, dont ils sont seulement des combinaisons variées; par une application de cette loi fondamentale de la permanence, ces éléments traversent toutes ces combinaisons sans rien perdre jamais de leurs propriétés caractéristiques: dès lors, quoi que nous fassions, nous ne voyons pas la possibilité de créer ni détruire le moindre de leurs atomes constitutifs.

L'univers matériel nous apparaît, par suite, comme constitué d'autant de groupes distincts qu'il existe de corps simples, et chacun de ces groupes est composé d'atomes identiques dont le nombre se maintient rigoureusement invariable depuis l'origine du monde. Le moindre atome prend ainsi une histoire qui occupe la suite des temps dans l'avenir et dans le passé: l'humble minéral que vous dédaignez faisait partie de la terre au moment de sa naissance, il a été acteur ou témoin dans toutes les péripéties de son existence à travers les âges, et il le restera jusqu'à la destruction finale.

Il en est de même de la matière vivante: la molécule de carbone ou d'azote, engagée continuellement dans les mille combinaisons précaires de la vie, les traverse toutes sans rien perdre de son individualité, malgré la destruction qui vient frapper ces formes variables dont elle fut un instant partie intégrante.

Cette loi de la permanence de la matière, considérée comme indestructible et incréable, se vérifie pleinement sur notre monde terrestre; et les considérations mécaniques qui régissent l'astronomie nous autorisent à l'étendre à l'univers entier, qui nous apparait ainsi formé d'une somme constante d'éléments matériels. Ces éléments sont répartis d'une façon invariable entre les divers mondes qui constituent l'univers, et même entre les diverses planètes d'un même système solaire: car aucun échange de matière ne parait possible de l'une à l'autre, sauf l'apport insignifiant dû à la chute des aérolithes.

PERMANENCE DE L'ÉNERGIE. RÉALITÉ OBJECTIVE DES FORCES INANIMÉES

Si toutefois nous reconnaissons que la matière conserve nécessairement ses propriétés caractéristiques dans toutes les combinaisons qu'elle traverse, nous ne voyons nulle part qu'elle puisse recéler en elle-même le principe de ces modifications incessantes ; toutes les observations scientifiques confirment, au contraire, cette notion de l'inertie qui se retrouve à la base des lois mécaniques, de sorte qu'il nous faut chercher dans une cause extérieure, force impondérable ou mouvement acquis, l'impulsion originelle qu'elle ne peut se donner elle-même.

Nous arrivons ainsi à l'examen du deuxième facteur considéré dans notre énumération : la force inanimée ou élément dynamique, agent physique ou chimique. C'est cet élément de nature inconnue qui, dans notre première conception rudimentaire, devient l'agent caché des phénomènes de toute nature ; sorte de Protée incessant qui se révèle à nous par les effets les plus divers, tantôt par l'action qu'il exerce à distance, lorsqu'il se manifeste à nous comme gravitation, comme son, chaleur, lumière ou électricité ; tantôt par l'action intime qu'il développe à l'intérieur des corps, lorsqu'il détermine leurs formes sensibles, surveille leurs réactions mutuelles, provoque leurs décompositions ou recompositions successives, — et c'est précisément cette notion que nous devons discuter en la rapprochant des résultats acquis de nos jours par les sciences d'observation.

Tout d'abord, observons que ces manifestations de la force, si diverses en apparence, sont tenues cependant dans une étroite dépendance réciproque. Les découvertes récentes qui servent de base à la théorie mécanique de la chaleur établissent, en effet, cette corrélation absolue : elles montrent que toute action calorifique, électrique ou lumineuse, correspond toujours à l'absorption d'une certaine quantité de mouvement qu'elle restituera intégralement par sa disparition ; ou bien encore, ainsi que l'a montré M. Berthelot, elle trouve son équivalence dans une combinaison chimique déterminée qui, de même, la rétablira à nouveau par une décomposition inverse.

Nous reconnaissons ainsi que ces manifestations de l'élément dynamique obéissent à une loi de permanence analogue à celle qui régit la matière : comme celle-ci, l'énergie ne se crée ni ne se détruit, elle se transforme seulement, et le moindre phénomène où elle intervient, sous une forme quelconque, en appelle nécessairement un autre, affectant peut-être une forme d'énergie différente, mais qui en soit la contre-partie rigoureuse.

Après avoir établi cette loi de l'équivalence, pouvons-nous aller au delà, essayer, par exemple, de préciser la notion de ces forces, et voyons-nous la possibilité de dégager leur réalité objective?

Nous croyons que c'est là une question qui appelle aujourd'hui une réponse affirmative : car toutes les considérations déduites des théories scientifiques nous conduisent à admettre, même dans le monde inorganique, l'existence d'un élément indépendant de la matière ; et le fait que cet élément ne tombe pas directement sous l'observation de nos sens ne nous autorise pas, à lui seul, à en nier la réalité.

Si nous voulons, par exemple, expliquer le mode de transmission de la chaleur, de la lumière ou de l'électricité, nous sommes obligés de faire intervenir la considération d'un élément hypothétique absolument impondérable auquel on a donné le nom d'éther, et qui remplit non seulement les espaces interplanétaires, mais même l'intérieur des corps matériels. Ce fluide invisible est animé pourtant d'un mouvement ondulatoire dont nous pouvons représenter le rythme dans ses nuances les plus délicates; nous pouvons mesurer la vitesse et déterminer l'amplitude des oscillations qu'il exécute, et nous savons retrouver désormais dans ces mouvements supposés la genèse de tous les phénomènes de cet ordre. Cette théorie de l'ondulation, créée par l'illustre physicien Fresnel pour expliquer le mode de propagation de la lumière, a reçu une vérification complètement satisfaisante dans ses conséquences les plus curieuses et les plus inattendues, comme les interférences, les anneaux colorés, la polarisation, la photographie des couleurs, etc. Elle a pu être appliquée également à la chaleur, et les dernières expériences de Hertz ont montré qu'elle s'étend sans doute aussi à l'électricité, suivant les belles prévisions de

Maxwell. Devant l'importance de ces résultats, la théorie est devenue le chapitre fondamental de la physique mathématique, bien que la base en soit fournie par la notion d'un élément hypothétique échappant à toute observation sensible.

Puisque nous sommes obligés d'admettre la notion de ce fluide invisible et impondérable, nous ne pouvons rejeter *a priori* celle de l'élément dynamique intervenant comme facteur effectif dans la production du moindre phénomène par l'impulsion qu'il communique à la matière.

Cette idée de la force considérée comme une entité indépendante domine toute la mécanique rationnelle, à qui elle apporte l'explication des lois qui la gouvernent ; et il est impossible, d'ailleurs, de n'y pas recourir, dans tous les cas où intervient une action exercée à distance sans intermédiaire tangible. Le mobile qui tombe dans le vide entraîné par la pesanteur prend ce mouvement uniformément accéléré qui témoigne bien de l'impulsion continue d'une force constante ; de même, dans l'espace, la planète, sollicitée par la gravitation, suit la trajectoire assignée par la théorie, combinant l'attraction solaire avec la vitesse initiale dont elle était animée à l'origine ; ailleurs, la force électrique transmet son impulsion à distance suivant des lois bien déterminées, et, lorsqu'elle se répand à l'intérieur des corps, nous ne la voyons jamais non plus se manifester comme un élément pondérable, ni même comme un simple mouvement matériel. Dans tous ces exemples, en un mot, nous entrevoyons de véritables forces qui se révèlent à nous seulement par les modifications qu'elles provoquent sur la matière.

On objectera toutefois que, s'il peut être utile de faire intervenir ainsi la notion de la force pour expliquer des actions exercées à distance, c'est sans doute uniquement par suite de notre ignorance, qui nous rend encore incapables de les rattacher à des éléments plus tangibles, car nous n'avons nul besoin d'y recourir lorsque nous sommes en présence d'intermédiaires matériels. On a pu formuler, en effet, une théorie tendant à expliquer les faits par la simple considération d'un mouvement préalable qui persiste sans se détruire jamais, et passe seulement de l'état extérieur à l'état interne ou inversement. Cette théorie, connue sous le nom de cinétique, nous fournit l'explication immédiate de l'équivalence mécanique de la chaleur ; elle permet aussi de définir les propriétés générales des corps en partant seulement de la considération des mouvements internes des molécules constituantes.

Si, en effet, cette théorie était exacte, il n'y aurait certainement pas lieu d'admettre l'existence d'une force calorifique par exemple, et, par voie d'extension, l'on pourrait écarter peut-être la notion d'une force quelconque ; l'univers se réduirait au simple jeu de la matière et du mouvement préalable avec toutes les transformations dont il serait susceptible.

Nous ne pensons pas cependant que cette objection soit bien fondée, car la théorie cinétique est loin de fournir une explication satisfaisante de tous les faits qu'elle étudie : aussi est-elle rejetée actuellement par nombre de savants autorisés.

Parmi eux, nous citerons l'éminent physicien anglais, sir W. Thomson (lord Kelvin), et spécialement M. Hirn, l'éminent physicien qui a attaché son nom à l'étude du fonctionnement théorique des machines à vapeur, en vue d'y vérifier la corrélation nécessaire entre la quantité de chaleur dépensée et le travail produit conformément au principe général déjà rappelé. Il s'est fait pendant les dernières années de sa vie le défenseur autorisé de la théorie dynamique, et il est arrivé à montrer, par les observations et les calculs les plus délicats, que l'expérience est loin de confirmer, et que même elle contredit souvent les déductions de la théorie cinétique. Ces travaux sont d'un caractère trop technique pour que nous puissions les résumer ici : nous avons reporté seulement dans un appendice final l'exposé des principales objections soulevées contre la théorie cinétique.

Si donc nous ne pouvons pas trouver dans cette notion du mouvement la cause unique des phénomènes les plus simples, où la transmission de l'énergie s'opère par contact matériel et frottement direct, nous sommes forcés de recourir encore dans ce cas à cette considération de la force indépendante que nous avons dû invoquer déjà pour comprendre l'action exercée à distance et qui nous explique en même temps les réactions réciproques des molécules constituantes des corps. Nous admettrons donc que l'élément dynamique, invisible et impondérable, possède une existence réelle au même titre que l'éther ; pas plus que lui, il ne peut se manifester à nous en dehors de la matière, mais il intervient nécessairement dans la production de tous les phénomènes.

Si nous voulons essayer de représenter l'état de cet élément, tout au moins par une image grossière, il nous suffira de reprendre, en la généralisant, comme l'a remarqué M. Hirn, la conception généralement admise aujourd'hui pour l'électricité.

Lorsque nous provoquons la production d'un phénomène électrique par une action extérieure quelconque, nous n'admettons pas que l'électricité soit née sur place de ce fait; nous y voyons, au contraire, le résultat d'une modification dans la répartition générale de cet élément, et nous disons qu'il a pris en un point déterminé une tension plus forte dont l'influence s'exerce sur toute la région avoisinante, dans ce qu'on appelle le champ magnétique; mais cette action n'est qu'une rupture d'équilibre, qui trouve nécessairement sa contre-partie ailleurs. Nous ne créons rien, nous développons seulement un état polaire positif en un point, négatif en un autre, et, pour obtenir ce résultat, il a fallu dépenser, par exemple, une quantité rigoureusement correspondante d'énergie calorifique ou mécanique; mais celle-ci n'est pas détruite, car le retour à l'état d'équilibre initial la ferait reparaître intégralement.

Cette explication, adoptée pour l'électricité, peut l'être aussi, dans les mêmes termes, pour la chaleur; lorsque nous la voyons se manifester à l'état sensible, nous ne dirons pas non plus qu'il y ait production réelle de calorique, mais seulement répartition différente dans la tension d'un élément existant déjà.

Suivant cette conception, qui n'est à vrai dire qu'un simple exposé des faits, sans aucune hypothèse, l'élément dynamique nous apparaît comme remplissant l'espace, aussi bien dans les parties vides qu'à l'intérieur des corps sensibles, et les phénomènes de toute nature résultent toujours d'une rupture d'équilibre de cet élément impondérable, laquelle reçoit sa contre-partie nécessaire dans une action inverse, intéressant peut-être une forme différente de l'énergie.

Nous retrouvons ainsi le même principe de permanence que nous avons rappelé plus haut pour la matière; et cette propriété résulte ici de l'équivalence des manifestations de la force, lesquelles doivent être considérées comme réversibles.

A la différence, toutefois, de ce qui se produit pour la matière, la permanence de la force ne peut pas se limiter à notre globe terrestre, puisqu'elle intéresse un élément formant un tout solidaire qui remplit l'espace entier. Nous observons, en effet, un échange continuel d'énergie entre les divers mondes : le soleil nous apporte sa chaleur et sa lumière, il entretient par son attraction les grands mouvements de l'atmosphère et des mers, les perturbations magnétiques dont il est affecté trouvent immédiatement leur écho à la surface de la terre ; la lune et même les planètes, ainsi que les étoiles voisines, interviennent de leur côté par une action affaiblie qui laisse pourtant sa trace sur notre globe, et celui-ci, à son tour, rayonne continuellement à travers les espaces célestes une quantité de chaleur qui retourne peut-être en partie jusqu'au soleil ; bref, la considération de l'élément dynamique et des lois qui le régissent nous rappelle à chaque instant la solidarité qui nous rattache à ces mondes lointains, compagnons du nôtre, et la dépendance étroite où la terre est maintenue relativement à cet astre qui l'entraîne à sa suite sur une route inconnue.

Cette notion, qui s'impose à l'observation la plus élémentaire, n'avait même pas échappé aux premiers hommes : les anciens Aryas adoraient, en effet, le soleil comme un dieu, voyant en lui avec raison la source de toute vie sur la terre ; et le nom par lequel ils désignaient l'éclat brillant de sa lumière a formé la racine de ceux qui, dans les langues de la plupart de leurs descendants, s'appliquent encore aujourd'hui à la divinité elle-même.

RÉALITÉ OBJECTIVE DES FORCES VITALES.

Ayant ainsi rappelé les caractères essentiels des deux premiers termes de notre énumération, la matière et l'élément dynamique, nous abordons maintenant les forces qui nous intéressent plus particulièrement, c'est-à-dire l'élément animique, dans lequel nous aurons à distinguer les forces vitales et les forces conscientes.

La force vitale préside à l'organisation de tous les êtres vivants, depuis le plus humble végétal jusqu'à l'animal le plus complexe : elle exerce un rôle tout particulier, dont les forces inanimées sont absolument incapables, et les expériences les plus précises, exécutées dans la voie ouverte par M. Pasteur, ont mis hors de doute la vérité de l'adage antique : *omne vivum ex vivo*, en montrant l'impossibilité complète de provoquer la formation du moindre organisme vivant en l'absence d'un germe approprié.

Toutefois, si la force vitale nous apparaît ainsi comme étant d'une nature tout à fait distincte des forces physiques ou chimiques, elle n'en exerce pas moins son action organisatrice par leur intermédiaire, elle les fait intervenir dans tous les faits de la vie, dans toutes les réactions qui intéressent la matière organisée ; et nous voyons que cette grande loi de la permanence des forces et de l'équivalence de leurs manifestations trouve bien son application universelle, puisqu'elle régit les êtres vivants comme les corps inorganiques.

Il ne faut pas oublier cependant que, tout en apportant la confirmation du principe fondamental, l'action des forces vitales ne laisse pas que d'exercer une influence marquée dans le jeu des forces inanimées ; elle imprime aux réactions élémentaires qu'elle provoque un caractère bien distinct, qu'elles n'auraient pas autrement. Les microbes qui président à la formation de l'humus dans le sol végétal, ceux qui vont fixer l'azote de l'atmosphère dans les racines légumineuses ou puiser l'oxygène dans la décomposition des carbonates minéraux, ceux qui interviennent dans les fermentations de toute nature, dans les phénomènes de nutrition, dans la naissance, le développement ou la décomposition des êtres vivants, tous ces ouvriers nécessaires du laboratoire mystérieux de la vie appliquent, en un mot, une chimie spéciale dont les lois particulières sont loin d'être identiques à celles qui régissent le monde inorganique.

La force vitale se différencie encore à d'autres égards de l'élément purement dynamique : elle apparaît en quelque sorte avec l'être qu'elle organise, elle ne peut agir que sur lui et par son intermédiaire, elle se développe en même temps et semble mourir avec lui, après avoir émis cependant des germes qui donneront la vie à un être identique. A un certain degré de l'échelle des êtres, elle s'accompagne d'un sentiment de conscience personnelle et d'un caractère de liberté, d'abord tout à fait vagues, mais qui s'affermissent de plus en plus à mesure qu'on s'élève davantage; ils tendent, d'ailleurs, à se différencier absolument de la force vitale proprement dite, puisqu'ils restent étrangers aux réactions intimes assurant l'existence matérielle de l'être qu'ils animent. Lorsqu'on arrive enfin à l'espèce humaine, qui occupe le sommet de cette échelle, ce sentiment de conscience et de responsabilité apparaît dans toute sa plénitude, avec des caractères moraux qui témoignent bien d'une nature absolument distincte, car il apporte avec soi une tendance au développement infini, une aspiration éternelle vers le mieux, qui semble faire entièrement défaut, même chez les espèces les plus voisines.

Quelle est donc cette force vitale, ce troisième élément de l'univers. qui revêt des aspects si différents des deux premiers, que nous pouvons créer ou détruire dans ses manifestations, sans l'atteindre jamais dans son origine essentielle ?

Comment peut-elle naître et grandir, comment exerce-t-elle son action sur les forces inanimées qu'elle dirige, et, surtout, comment peut-elle évoquer dans les manifestations supérieures de la vie cette force libre et consciente, absolument distincte, qui ne peut cependant se révéler sans elle ? Comment celle-ci peut-elle enfin provoquer des actes tout à fait spontanés, ne dépendant plus par une relation inflexible des faits qui les ont précédés; comment peut-elle, en un mot, échapper à cette fatalité qui gouverne toutes les manifestations de la matière, sollicitée par l'élément dynamique ou même par les forces inconscientes de la vie ?

Autant de questions agitées depuis l'origine du monde, et auxquelles la science ne peut pas encore aujourd'hui apporter une réponse définitive. C'est que les phénomènes de la vie sont complexes entre tous : nulle théorie ne peut encore expliquer, par exemple, la formation d'un germe quelconque, ni même y retrouver les organes variés de l'être qui doit en sortir, qu'il s'agisse du plus petit végétal ou du plus élevé des animaux. Cependant, si l'on veut bien se rappeler les considérations par lesquelles nous avons essayé de justifier la réalité objective de la force mécanique, nous croyons que l'on reconnaîtra que la même solution s'impose à plus forte raison, pour l'élément vital.

On pourrait même admettre cette dernière conception tout en persistant à ne voir dans le monde inorganique qu'un simple jeu de la matière et du mouvement ; mais nous ne comprendrions pas que l'on voulût rejeter la force vitale sans nier en même temps l'élément dynamique : celui-ci nous paraît entraîner forcément celle-là, et les considérations qui en justifient la notion établissent en même temps, croyons-nous, l'existence nécessaire des forces animiques.

Ces forces participent certainement de la nature immatérielle de l'élément dynamique, puisqu'elles échappent comme lui à toute observation sensible et qu'elles se révèlent seulement par leurs effets ; elles s'en distinguent toutefois dans leur essence même, puisqu'il est impossible de constituer le moindre des êtres organisés par le seul jeu des forces physiques. Elles exercent sur celles-ci une sorte d'action directrice qui les montre supérieures à elles, et les éloigne encore davantage de la matière. Au cours même de la vie, elles obéissent fidèlement à la grande loi de permanence qui régit les forces de toute nature, et c'est seulement lorsqu'elles la reçoivent ou qu'elles la perdent qu'il nous est impossible de constater dans les phénomènes extérieurs la contre-partie de la manifestation qui les affecte ; nous ne pouvons concevoir cependant une création soudaine ou une disparition absolue, entraînant une dérogation inexplicable à une loi toujours observée, et nous croyons, par suite, qu'il faut admettre que la naissance ou la mort apparentes des forces vitales doit influer nécessairement sur la répartition générale de cet élément dans le monde qui lui est propre.

Nous avons admis précédemment que l'élément dynamique est répandu à travers l'espace avec des tensions variables, et les phénomènes naturels ne font que révéler les changements de tension qu'il éprouve. Les forces qu'il réunit en lui nous apparaissent ainsi comme contenues dans une sorte de réservoir commun où elles réagissent les unes sur les autres : elles se manifestent à nous un instant, et retombent ensuite dans le repos jusqu'à une évocation nouvelle.

Peut-être est-il possible d'admettre une conception du même genre pour les forces vitales, en observant cependant qu'il ne saurait y avoir analogie complète dans les deux cas. Si, en effet, nous voyons bien que les manifestations de la force mécanique répondent toujours fatalement à l'action qui les provoque, il nous est plus difficile de concevoir comment la force vitale peut toujours apparaître, à point nommé, pour animer les germes qui doivent devenir des êtres vivants.

On peut supposer, du reste, que cette force possède une certaine faculté de sélection à cet égard : si nous considérons, en effet, une série de germes identiques en apparence, nous en trouvons dans l'ensemble qui restent inféconds, tandis que d'autres sont capables de développement, et il nous est impossible cependant de reconnaître toujours la cause de cette différence capitale.

La science actuelle est arrivée, d'ailleurs, à nous fournir une première contribution, bien insuffisante encore, à la solution de ce mystère, en nous révélant l'existence de ces organismes inférieurs, de ces atomes vivants, les microbes, qui se retrouvent à l'origine de toutes les manifestations de la vie, et qui la conservent ou la transforment par une voie cachée dont le secret nous échappe toujours.

Quoi qu'il en soit, il semble que, au moment où la vie prend fin, la force qui défendait l'être organisé contre les causes de destruction se retire de lui pour retourner au réservoir commun ; et elle doit y revenir telle qu'elle était au départ, puisqu'elle se retrouve encore identique à elle-même dans une évocation nouvelle.

Cependant, si l'on se rappelle que les êtres apparus tour à tour sur la terre sont allés continuellement en se perfectionnant par la complexité de leurs organes et de leurs fonctions, on pourra admettre qu'il n'y aurait peut-être pas lieu d'écarter absolument l'idée d'une certaine transformation des forces vitales : elles auraient donc subi, à travers les âges, une évolution continue, qui les aurait amenées à leur état actuel et qui, sans doute, se poursuit encore.

Cette théorie, dans laquelle l'univers entier, avec toutes les forces qui le sollicitent, nous apparaîtrait comme faisant l'objet d'un travail incessant pour enfanter des êtres toujours plus parfaits, ne manque pas d'une certaine grandeur; elle a été soutenue, du reste, par certains apologistes religieux de l'école protestante, mais l'observation des faits ne nous fournit malheureusement pas les moyens de la vérifier, et nous ne pouvons décider si la force animique reste ou non identique à elle-même après la vie.

RÉALITÉ OBJECTIVE DES FORCES CONSCIENTES

Si enfin, nous nous attachons plus spécialement à l'examen de la force consciente, pourvue surtout, comme l'âme humaine, des caractères d'intelligence et de liberté, nous croyons qu'elle doit être considérée comme étant d'une nature absolument distincte de la force vitale, et, à ce titre, elle aurait dû former un quatrième élément dans notre énumération première. Nous ne l'y avons pas mise cependant, car, au point de vue de l'observation positive, cette force consciente n'a pas d'existence indépendante en dehors de la force vitale dont elle est toujours accompagnée. Elle trouve au-dessus de celle-ci sa manifestation propre, purement immatérielle, les idées, qui sont elles-mêmes, suivant l'observation d'un philosophe éminent, de véritables forces poursuivant la réalisation de leur effet dans le monde extérieur aussi bien que dans l'être pensant, et nous ne voyons pas, dès lors, qu'il soit possible d'en nier l'existence distincte, quelque difficulté que nous éprouvions d'autre part à nous représenter son mode d'action.

Les forces physiques sont impuissantes à suppléer la force vitale dans l'être organisé, nous ne concevons pas non plus la possibilité de créer le sentiment de la personnalité par le seul jeu des microbes, ces atomes inconscients de la vie matérielle.

Nous ne voyons pas, en un mot, que la conscience puisse être la simple résultante des actions combinées des diverses cellules dont le corps est composé, car le sentiment de l'unité de la personnalité s'affirme avec une force invincible, et il resterait toujours à expliquer, en tout cas, le mode de production de l'énergie vitale dans ces molécules constituantes.

Nous ne savons certainement pas comment cette force

consciente peut exercer une action extérieure; mais notre ignorance est la même en présence du moindre phénomène, quelle que soit la force considérée : nous voyons seulement que chacune de ces forces se révèle dans le domaine qui lui est propre, qu'elles se commandent entre elles suivant une sorte de hiérarchie, mais nous ne pouvons jamais définir l'action intime qu'elles exercent.

Dès lors, nous sommes conduits à admettre l'existence objective de la force consciente et raisonnable au même titre que celle des autres éléments impondérables, et nous devons en conclure que, pas plus que ceux-ci dans les phénomènes qu'ils provoquent, elle n'a pu être créée spécialement pour la vie passagère où nous la voyons se manifester, mais elle a précédé la naissance, tout au moins à l'état inconscient, et elle survivra sans doute à la mort, dans des conditions qui lui sont spéciales. Les observations scientifiques nous démontrent, à chaque instant, cette permanence de la matière et de la force à travers les phénomènes contingents : le moindre atome traverse les âges et les combinaisons les plus variées, sans rien perdre de son individualité, l'énergie physique se transforme sans se détruire, la force vivante survit à la mort, les faits eux-mêmes subsistent après l'instant qui les a vus naître; tous les éléments de l'univers, toutes les manifestations qu'ils éprouvent, ont chacun, en un sens donné, une survivance assurée: n'est-il pas indiqué d'admettre qu'il en est de même pour cette force raisonnable qui les domine tous, qui seule peut s'élever à la connaissance des lois immuables : ne doit-elle pas participer, dans une certaine mesure, à l'éternité de ces lois?

Force consciente et responsable, nous ne comprendrions pas qu'elle dût dépouiller complètement sa personnalité pour aller se perdre dans un océan de vie où elle ne serait plus qu'un atome sans nom : elle doit survivre, en un mot, en gardant quelque chose des caractères qui lui sont propres, et puisque tout a sa place marquée dans l'univers, que nul effort n'est perdu, elle doit se trouver nécessairement dans un état qui soit la résultante exacte de tous les actes de sa vie passée, lui apportant ainsi la récompense ou le châtiment de l'usage qu'elle a fait de sa liberté.

Rappelons enfin qu'elle porte en elle-même, jusqu'à la notion de l'infini, ce besoin de développement qui différencie déjà les forces vitales des forces physiques : nous aurons donc à examiner, en reprenant le problème des fins dernières, s'il ne faut pas en chercher la solution dans cette idée du développement indéfini qui donne à cette force raisonnable son caractère spécial parmi les forces vivantes.

III

Théorie du développement indéfini assigné à chacune des trois facultés de l'âme humaine. — Conclusions. Lacunes inévitables de la théorie.

THÉORIE DU DÉVELOPPEMENT INDÉFINI ASSIGNÉ A CHACUNE DES TROIS FACULTÉS DE L'AME HUMAINE

L'examen qui précède nous a montré comment l'élément animique et intelligent s'impose à nous, dans l'étude de l'univers, à côté des forces mécaniques dont nous devons admettre l'existence parallèlement à celle de la matière; nous allons maintenant nous attacher plus spécialement à l'âme humaine, et rechercher s'il nous est possible d'entrevoir quelque chose de son histoire.

La force consciente et douée de raison, l'âme pensante, possède au plus haut degré cet instinct de développement qui caractérise les forces vivantes; elle l'étend même, ainsi que nous l'avons remarqué, jusqu'à sa limite extrême, puisqu'elle porte en elle la notion de l'infini. N'est-il donc pas indiqué d'admettre que cet infini vers qui elle tend par la pensée forme bien aussi pour elle la fin dernière d'un développement qui répond à sa nature essentielle? Nous venons de voir que la matière et les forces inconscientes qui l'agitent subsistent toujours en conservant leurs caractères bien déterminés à travers les modifications qu'elles éprouvent; la force pensante ne doit-elle donc pas retrouver, elle aussi, quelques-unes de ses propriétés caractéristiques dans l'état qui va résulter pour elle de la dissolution de la vie présente? Ne doit-elle pas chercher sa fin dernière dans la participation à la perfection divine?

Que si elle a négligé de répondre à cette fin primordiale, si elle a laissé s'éteindre en elle ce culte de la perfection, ce besoin du mieux qui est la raison suprême de sa vie éternelle; si, enfin, elle a voulu retourner en arrière au lieu de s'avancer dans la voie qui lui est ouverte, elle va dès lors se rapprochant des âmes inférieures, des animaux simplement conscients chez qui cette notion du progrès n'est pas encore éveillée; elle tend, en un mot, vers l'affaiblissement du caractère sublime qui la distingue parmi les êtres, et peut-être même plus bas, comme l'admet l'école conditionnaliste, vers l'anéantissement plus ou moins formel de la conscience où elle ne serait plus qu'une simple force organisatrice s'étant fermé à elle-même la possibilité d'entrevoir jamais cette perfection infinie qu'elle a rejetée librement. On peut même observer qu'à certains égards c'est bien là ce que les théologiens appellent l'état de *dam*, caractérisé précisément par la privation de la vue des perfections divines.

Cette conception répond bien au désir de justice et à la soif d'immortalité qui se retrouvent en chacun de nous, et l'on voit dès lors comment elle envisage les fins dernières de l'âme humaine : le ciel que notre âme doit poursuivre et atteindre, c'est la participation plus ou moins étendue à la perfection infinie qu'elle entrevoit dans sa pensée; l'enfer qu'elle doit éviter, c'est la consomption progressive de la conscience et des hautes facultés dont elle est douée, avec les tourments qu'elle peut entraîner, le purgatoire qu'elle doit traverser avant de parvenir au ciel, c'est la vie ultra-terrestre avec les épreuves qu'elle comporte dans un monde nouveau. La perfection et l'anéantissement gradués dans la mesure compatible avec notre nature, forment ainsi, au sens mathématique du mot, les deux limites contraires entre lesquelles nous nous développons, les deux asymptotes opposées de la courbe que nous décrivons.

Cette perfection nécessaire, qui devient le but élevé assigné aux efforts de chacun de nous, doit répondre à la constitution intime de l'âme dont elle constitue la fin dernière; elle doit affecter, par conséquent, les facultés diverses en qui cette âme se manifeste. Celle-ci est capable de volonté, d'intelligence et d'amour; elle veut le bien, elle conçoit le vrai, elle aime le beau. Elle sent, elle poursuit, en quelque sorte, ces idées primordiales par delà les manifestations passagères qu'elles revêtent ici-bas, elle éprouve le besoin de s'unir à elles par une communion toujours plus intime qui trouve dans la charité sa manifestation la plus haute; elle entrevoit ainsi cette notion de la trinité divine où elle retrouve sa propre image : le Père créateur dont la volonté entretient le monde, le Fils qui est son verbe et son intelligence, l'Esprit d'amour et de charité sont bien les fins dernières de ses trois facultés.

Cette observation montre, d'autre part, comment tous les actes que nous pouvons accomplir dans la vie présente, ayant nécessairement leur répercussion sur quelqu'une de nos facultés, influent, par suite, en même temps, sur l'état définitif de notre âme à ce triple point de vue, et servent ainsi à définir l'état qui lui sera assigné dans la vie ultraterrestre. Les efforts que nous aurons essayés pour nous élever plus haut dans l'intelligence de l'univers, pour atteindre le vrai ou le beau, nous seront comptés ainsi à côté de ceux que nous aurons faits dans la direction de notre volonté pour réaliser le bien.

On ne comprendrait pas, du reste, qu'il en fût autrement, et que certains de nos actes pussent passer sans affecter dans une mesure quelconque l'état de l'âme qui en est l'auteur, puisque le moindre d'entre eux, une fois acquis, subsiste toujours, pour ainsi dire, dans l'ordre physique, et laisse, en quelque sorte, dans l'univers une trace indélébile. Observons, en effet, que cet acte a produit nécessairement dans la répartition de la force une modification correspondante qui l'a enregistré par là même; le rayon lumineux qui en a été le témoin en emporte la trace avec lui dans ces courses vertigineuses qui exigent des milliers d'années pour atteindre les astres lointains, et l'œil qui pourrait le recueillir là-bas retrouverait cette image aussi vivante qu'à l'instant où elle est née. C'est que les ondulations diverses correspondant chacune à une impression donnée, se superposent dans le rayon lumineux sans se détruire, et l'analyse les retrouverait toutes avec leur individualité propre; nous avons même pu constater dans cet instrument si curieux, le photophone, que la lumière pouvait emporter un simple son avec elle et le restituer aussi sans altération. On peut dire ainsi en toute vérité que l'histoire de la terre, comme celle de tous les astres de la création, est actuellement éparse dans l'univers, car les rayons que ces astres ont émis dans la suite des temps la portent inscrite en eux-mêmes, et l'on voit qu'il serait toujours possible d'y retrouver la solution de toutes les questions que nous pouvons agiter non seulement sur le mode de formation de notre globe, les âges divers qu'il a pu traverser, mais aussi sur le développement de l'humanité elle-même, car on pourrait y revoir tous les grands faits qui ont exercé une influence décisive sur son histoire, et qui prennent ainsi à nos yeux une importance capitale.

Puisque nous sommes obligés d'admettre ainsi la permanence de tous les faits matériels, il faut bien qu'il en soit de même dans l'ordre moral pour les faits que nous ne pouvons pas vérifier : nous arrivons par suite à concevoir la vie ultra-terrestre comme la reprise du développement de toutes les facultés de l'âme telles qu'elles ont été façonnées par les gestes de l'existence passée.

Si nous considérons, par exemple, le développement intellectuel, nous admettrons que l'âme, à un certain moment, pourra parvenir à ce degré où elle soit en mesure de recueillir et d'interpréter ces vibrations lumineuses qui ont enregistré les faits passés. Elle pourra, dès lors, observer elle-même son existence antérieure, la revivre, en quelque sorte, et retrouver ainsi la notion complète de sa conscience, si celle-ci a pu s'affaiblir ou s'effacer à l'instant de la mort terrestre. Arrivée à ce point de perfection intellectuelle ; elle embrassera le passé en même temps que le présent d'un coup d'œil unique ; et nous pouvons même concevoir que, plus haut encore, elle puisse, dans une certaine mesure, entrevoir l'avenir.

La notion mécanique que nous avons actuellement de l'univers, où nous voyons une certaine quantité de matière sollicitée par une quantité déterminée d'énergie obéissant à des lois bien précises, nous conduit en effet à concevoir le monde dans son ensemble comme un véritable système de dynamique ; et dès lors, les transformations qu'il éprouve pourraient s'étudier en toute rigueur d'après les méthodes de calcul au moyen desquelles nous représentons les mouvements des systèmes infiniment plus simples que nous pouvons aborder dans les limites actuelles de notre intelligence. Si donc, il était possible d'établir l'ensemble des formules représentant l'état variable de l'univers à un moment donné, il serait possible aussi d'en déduire, par une série de calculs appropriés, l'état résultant dans le moment immédiatement voisin, et de suivre ainsi, de proche en proche, toutes les transformations qui l'attendent. Ces calculs comporteraient en particulier des intégrations toutes les fois qu'interviendraient des forces *naissantes* en quelque sorte, définies seulement par l'action qu'elles ont exercée pendant un premier instant infiniment court. On ne peut même pas objecter dans ces conditions que cette conception mécanique ne serait qu'un véritable déterminisme niant toute intervention de la liberté parmi les forces considérées, car le jeu des formules permet précisément de représenter par des termes arbitraires l'action limitée d'une force relativement indépendante. Les opérations d'intégration introduisent, en effet, dans ces formules des quantités nouvelles désignées sous le nom de *constantes* et dont la valeur peut être fixée à volonté dans une limite fort étendue. Une intelligence infinie possédant toutes ces formules représentatives de l'état variable du monde, pouvant embrasser immédiatement toutes les déductions qu'elles recèlent, apercevant en outre toutes les variétés possibles qu'elles comportent, aurait ainsi la perception de l'avenir, sans qu'il en résulte cependant négation d'une certaine liberté pour les facteurs indépendants qui contribuent à le déterminer; et notre esprit limité conçoit par là comment l'être intelligent pourrait en acquérir la vision progressive à mesure de son développement vers l'infini.

Nous n'avons envisagé, dans cet exemple, que la perfection intellectuelle, car c'est la seule qui se définit avec quelque précision, et celle pour qui nous apercevons le plus clairement le but à atteindre ; mais il ne paraît pas douteux que les autres facultés de l'âme humaine, volonté et charité, ne doivent comporter un développement analogue. Là aussi, nous avons les mêmes progrès à accomplir, car le ciel ne peut pas être, ainsi qu'on l'a remarqué spirituellement, le simple prolongement de l'Institut, et c'est avec justice que nous attribuons la sainteté de préférence à ceux qui, au cours de leur vie terrestre, ont su donner à la charité tout le développement compatible avec la nature humaine. Quoi qu'il en soit, c'est dans toutes les voies et à tous les points de vue que nous devons développer cet effort infini que la perfection exige.

Dans cette conception, il faut donc admettre que l'âme poursuit sa vie consciente après son existence terrestre et subit dans un monde nouveau les transformations nécessaires pour atteindre plus tard, si elle n'a pu le faire immédiatement et si elle en est restée digne, le bonheur céleste avec la participation à la perfection divine. C'est la réponse au cri du poète qui s'est fait l'écho des supplications de l'humanité entière :

> Fais naître un renouveau suprême
> Au cœur des morts,

suivant la belle promesse de la préface de *l'Office des Défunts* : « *Tuis enim fidelibus, Domine, vita mutatur, non tollitur.* » Et c'est bien aussi l'enseignement de la science positive, d'après laquelle l'énergie, comme la matière, se transforme continuellement sans se détruire, et tout ce qui existe possède nécessairement une survivance assurée en quelque façon.

Cette vie nouvelle du purgatoire doit se développer, sans doute, dans un monde approprié, choisi parmi ceux qui sont semés à profusion à travers l'espace infini : l'âme humaine s'y retrouve telle que l'a faite son existence terrestre, elle y subit, peut-être sous une forme sensible, les épreuves qui punissent les défaillances passées, et c'est là, du reste, une forme sous laquelle il serait possible d'interpréter le dogme de la résurrection de la chair dont nous parlions plus haut. L'âme peut acquérir graduellement dans cette vie nouvelle la puissance nécessaire pour agir directement sur les forces physiques, et, par elles, sur la matière, en même temps qu'elle réalise en elle le perfectionnement nécessaire pour être admise à participer à la vie bienheureuse.

Nous ajouterons que, d'après une croyance générale, qui vient confirmer notre interprétation, les âmes du purgatoire peuvent encore, même dans ce lieu de souffrances, acquérir des mérites par leurs prières et en faire l'application aux fidèles de la terre : et des saints éminents se sont plu, en effet, à proclamer la haute efficacité de leur intervention.

On objectera sans doute que ces aperçus, mal définis d'ailleurs, dépassent de beaucoup les notions positives qui nous ont servi de point de départ, et nous ne les présentons, en effet, qu'à titre de simples présomptions dont la discussion doit se poursuivre par des arguments théologiques.

Ce que nous pouvons dire au nom de la science, c'est que cette notion de la migration des âmes n'a rien d'inacceptable, car nous avons pu montrer précédemment que toutes les manifestations de l'élément dynamique trouvaient leur écho immédiat d'un monde à l'autre, se transportant ainsi en quelque sorte à travers l'espace, et nous en sommes réduits à constater ces migrations sans pouvoir les expliquer. Ne pouvons-nous pas admettre qu'il en est de même pour la force consciente et raisonnable, et qu'elle peut se déplacer aussi dans des conditions qui lui sont propres?

Nous rappellerons, en outre, que les données scientifiques nous permettent également de concevoir comment nous pourrons retrouver le souvenir de la vie actuelle dans l'existence qui la suivra : et il faut admettre par suite que, si le sentiment de la conscience a pu s'atténuer, il est appelé, à un moment donné, à reparaître dans toute son intégrité, puisque l'observation même de l'univers remettra sous nos yeux, comme nous l'exposions plus haut, toutes les phases de notre existence passée, lorsque nous aurons pu atteindre un degré suffisant de développement intellectuel; on ne comprendrait pas, du reste, au point de vue moral, l'idée d'une expiation ou d'un développement dont le souvenir conscient serait absent. Dès lors, il est permis de penser que nous devrons être en mesure de reconnaître et d'aimer encore ceux que nous avons connus et aimés ici-bas. Nous les retrouverons comme des amis qu'on revoit après une très longue absence, grandement changés sans doute, engagés plus loin dans la voie que nous suivons ensemble, mais heureux cependant d'évoquer avec nous les souvenirs passés. Et peut-être, de ce monde éloigné, leur pensée revient-elle jusqu'à nous dans la vie terrestre, et cherche-t-elle à nous inspirer, à nous guider dans la vie, de même que notre souvenir à nous peut leur venir en aide là-bas, traversant l'espace plus vite que la lumière; et, sans doute, il est permis d'estimer aujourd'hui que la pensée peut ainsi exercer son influence à distance sans aucune manifestation sensible. C'est donc, ainsi que l'enseigne l'Église pour justifier la notion du purgatoire, une bonne et salutaire pensée que de prier pour les morts.

CONCLUSIONS. — LACUNES INÉVITABLES DE LA THÉORIE

La conception de la vie future qui vient d'être ainsi ébauchée nous paraît, dans l'état actuel de nos connaissances, celle qui se rattache le mieux aux données scientifiques : elle ouvre à l'homme un espoir illimité, mais en lui imposant un effort continu, devant lequel l'âme reste libre de reculer dès maintenant, si elle préfère accepter l'affaiblissement graduel de la conscience et redescendre au rang des forces inférieures. Par cette notion du progrès indéfini, elle se relie en quelque sorte à la théorie de l'évolution, qui trouve ainsi son application dans le domaine moral comme dans celui de la vie matérielle.

L'homme reste peut-être, suivant l'expression du poète, le dieu tombé qui se souvient; mais plutôt pour nous, qui considérons l'avenir,

Il est le dieu futur qui doit gagner les cieux.

Ajoutons que cette interprétation des fins dernières nous paraît répondre, en même temps, au besoin de justice morale inné en chacun de nous, puisqu'elle tient compte de toutes nos actions pour leur attribuer la sanction qu'elles méritent, et c'est assurément ce qui lui vaut tant de sympathies chez les intelligences qu'agite ce redoutable problème de la destinée humaine.

Nous rappellerons les beaux vers du grand poète qui a su exprimer avec une émotion si haute les préoccupations de notre époque; Victor Hugo en était venu, dit-il, à cette idée qui se rattache en principe à la théorie proposée bien que les conséquences déduites restent différentes :

A croire qu'à la mort, continuant sa route,
L'âme, se souvenant de son humanité,
Envolée à jamais sous la céleste voûte,
A franchir l'infini passait l'éternité;

> Et que chacun ferait ce voyage des âmes,
> Pourvu qu'il ait souffert, pourvu qu'il ait pleuré,
> Tous, hormis les méchants dont les esprits infâmes,
> Sont comme un livre déchiré.
>
> Ceux-là, Saturne, un globe horrible et salutaire,
> Les prendra pour un temps où Dieu voudra punir,
> Châtiés à la fois par le ciel et la terre,
> Par l'aspiration et par le souvenir,..

Nous reconnaissons, du reste, que l'explication ainsi fournie est loin d'être complète, qu'elle est toujours impuissante à répondre à certaines questions inévitablement posées : elle nous montre bien que la terre n'est qu'un lieu de passage, une simple étape dans le voyage éternel ; mais cette considération est-elle suffisante pour expliquer à elle seule ce sentiment de trouble et, pour ainsi dire, de délaissement, qu'éveille dans l'humanité cette pensée de l'infini insensible ? Il nous apparaît, dans les faits,

> Sourd au vœu, sourd à la plainte,

et cependant cette préoccupation est toujours là qui nous hante et nous domine. Parmi tous les êtres qui se nourrissent des fruits de la terre, l'homme est le seul qui se sente ainsi inquiet et tourmenté, appelant toujours de l'au-delà une réponse qui ne vient jamais :

> Nous ne demandons point à marcher sur les ondes,
> Mais seulement, ô Dieu, qu'une fois tu répondes
> Quand nous crions d'en bas...
> Bien souvent accablés, nous implorons des ailes,
> Sans entendre jamais, des hauteurs éternelles,
> Tomber ce mot : Venez !

A un autre point de vue, l'homme reste toujours cette antithèse éternelle qui épouvantait Pascal, tourmenté par les tendances contraires de la nature animale et de la force immatérielle qu'il réunit en lui, et il appelle en vain ces biens qui lui sont refusés, ce repos de l'âme, cette pleine quiétude qui naît de la parfaite concordance de toutes les facultés de son être,

Faut-il voir l'explication de ce malaise inguérissable dans le dogme de la faute originelle; le sacrifice divin de la rédemption doit-il s'expliquer de même par la nécessité de ramener l'humanité sur la voie de la perfection infinie en lui apportant cette notion de la charité dont l'antiquité n'avait pas soupçonné la profondeur, alors que cependant elle forme le viatique nécessaire dans la marche en avant de l'être complet vers cette perfection qui lui assurera le bonheur du ciel?

Autant de questions capitales que la science reste impuissante à traiter utilement, puisqu'elle ne peut trouver le terme de comparaison nécessaire dans l'histoire morale d'une humanité autre que la nôtre; et si, du reste, elle approche toujours davantage de la vérité, elle ne peut jamais l'atteindre en sa plénitude.

Nous avons bien pu rattacher la notion de la survivance de l'âme consciente aux lois scientifiques aujourd'hui admises, mais nous ne pouvons formuler encore que des inductions manquant souvent de bases précises sur l'état nouveau qu'elle comporte.

Les découvertes se succèdent sans infirmer les dogmes dans leurs données fondamentales ; on observe, au contraire, qu'ils peuvent toujours trouver leur interprétation et leur justification dans des indications tirées des théories scientifiques, à mesure que celles-ci acquièrent plus de précision.

APPENDICE

EXPOSÉ

DE CERTAINES CRITIQUES DONT LA THÉORIE CINÉTIQUE EST ACTUELLEMENT L'OBJET

La théorie cinétique soulève ainsi que nous venons de l'indiquer, des objections fort graves qui ont ébranlé grandement son crédit, et le temps n'est pas éloigné sans doute où elle fera place à une théorie admettant l'existence réelle d'éléments qui échappent à l'action directe de nos sens, soit la force considérée comme indépendante de la matière, ou l'énergie qui les embrasse l'une et l'autre à la fois.

Nous allons résumer brièvement quelques-unes de ces objections afin de justifier à ce sujet les appréciations que nous avons émises précédemment.

La théorie cinétique part, comme on sait, de la notion d'après laquelle les divers corps de la nature sont formés par la réunion de molécules élémentaires, constituées elles-mêmes par une combinaison d'atomes déterminés.

Ces molécules, dont les dimensions sont d'ailleurs excessivement réduites, restent maintenues entre elles à des distances moyennes, variables avec l'état physique du corps considéré, selon qu'il est solide, liquide ou gazeux, et dans ce dernier cas en particulier, cette distance devient incomparablement supérieure à leurs dimensions. D'après la théorie, ces molécules sont absolument indépendantes les unes des autres, mais elles se maintiennent dans une agitation incessante, et c'est ce mouvement continu qui seul provoque entre elles des relations mutuelles. Elles se déplacent en effet dans toutes les directions, s'entre-choquent ainsi continuellement, réagissent par suite les unes sur les autres en combinant ou annulant leurs vitesses, sans que cependant la somme totale d'énergie ainsi occupée se trouve aucunement modifiée, et par suite, dans un corps à l'état d'équilibre, les molécules peuvent être considérées à chaque instant comme animées toutes uniformément de la vitesse moyenne correspondante.

Cette vitesse varie d'ailleurs sous l'influence des causes extérieures, et, si elle s'augmente, elle tend à accroître en même temps l'écartement des molécules vibrantes et à dilater le corps, tandis qu'elle produit une contraction dans le cas contraire. On en déduit aussitôt que cette vitesse interne peut servir à définir la température, et l'on voit immédiatement comment celle-ci peut se trouver influencée par l'absorption d'un mouvement extérieur, puisque c'est en réalité une augmentation de l'énergie latente.

Si l'on s'attache plus spécialement à l'étude des corps gazeux qu'il est plus facile d'aborder par le calcul, on est obligé de reconnaître toutefois que l'expérience ne vérifie pas toujours cette corrélation parfaite assignée par la théorie entre les variations de température et de la pression et celles de l'énergie interne dont elles ne seraient que la manifestation extérieure.

C'est le cas par exemple, lorsqu'on considère l'écoulement des gaz sous pression dans un espace vide, car il se produit toujours à l'orifice d'échappement une détente accompagnée d'un refroidissement, et c'est là un phénomène dont l'explication paraît assez difficile à donner au point de vue cinétique puisque les molécules conservent nécessairement, en s'échappant au dehors, leur vitesse intrinsèque, et devraient garder par conséquent leur température antérieure.

De même, si l'on veut définir le mode d'action de la pression atmosphérique, on est obligé d'attribuer aux molécules d'air des vitesses internes graduellement décroissantes depuis la surface du sol jusqu'aux limites extrêmes de l'atmosphère, pour expliquer la réduction que subit la pression d'après l'altitude, et il en résulte ainsi que les molécules extrêmes doivent se maintenir dans un repos relatif contraire à toutes les probabilités.

Il faut remarquer à un autre point de vue que, si la pression atmosphérique résulte effectivement des chocs incessants des molécules d'air contre les objets extérieurs, ces chocs arrivent à représenter une énergie appréciable, malgré la faible masse des molécules frappantes, car la théorie évalue du reste à 485 mètres par seconde la vitesse moyenne correspondant à la pression normale. Dans ces conditions, on ne conçoit guère comment certains corps explosifs absolument instables, solides et surtout gazeux, peuvent supporter ces chocs indéfiniment répétés, puisque le contact le plus léger suffit souvent à provoquer la détonation. Il est vrai que les molécules d'air en action n'ont qu'une masse insignifiante, mais il ne faut pas oublier qu'il en est de même pour celles qu'elles viennent choquer, puisque l'explosion commence habituellement en un point limité pour se propager de proche en proche. On sait d'autre part qu'elle peut résulter aussi parfois d'un simple ébranlement brusque des couches d'air, et cependant les molécules ne prennent pas alors une vitesse comparable à celle du mouvement interne hypothétique dont elles seraient animées. Par contre, la simple compression statique qui augmenterait cependant dans une proportion considérable, cette vitesse interne, peut cependant rester impuissante à provoquer l'explosion, si on écarte l'action calorifique dont elle s'accompagne.

Citons encore, pour terminer, une autre observation montrant également la difficulté d'expliquer les faits par cette seule considération de l'énergie interne ; c'est celle qui a trait à la propagation du son dans l'atmosphère. L'expérience montre en effet que la vitesse de transmission est à peu près complétement indépendante de l'intensité du son produit, et c'est là aussi un résultat qui n'est guère explicable, car si le son se trouvait transmis par les déplacements résultant des chocs successifs des molécules intermédiaires, la rapidité de ces déplacements, et par suite la vitesse de transmission devraient aller en augmentant avec l'importance de ces chocs, laquelle correspond elle-même à l'intensité.

La théorie des ondulations qui retrouve ici son application comme pour la lumière admet en effet que le son résulte de la propagation d'un mouvement vibratoire des molécules d'air ; mais cette transmission ne s'opère pas par des chocs, chaque molécule s'écarte seulement pour un instant et à son tour de sa position d'équilibre, d'une quantité et dans une direction déterminées elles-mêmes par le mouvement de la molécule précédente, et l'entraînement résulte uniquement de la réaction élastique développée entre les molécules successives, comme le mouvement oscillatoire du pendule est déterminé par l'action constante de la pesanteur. L'intensité du son influe par conséquent sur la grandeur des déplacements, mais non pas sur la rapidité de la transmission. Si l'on observe en outre que cette vitesse atteint une valeur beaucoup plus considérable dans les corps non gazeux, dans les liquides et surtout dans les solides, on peut en conclure que cet accroissement résulte bien de l'augmentation correspondante dans la valeur de la réaction élastique des molécules constituantes, et c'est du reste l'idée fondamentale du calcul d'après lequel Laplace a pu déterminer les vitesses théoriques de transmission de son dans les différents corps.

Ces diverses observations, que nous pourrions multiplier d'ailleurs, nous paraissent établir que la théorie cinétique est impuissante à expliquer les seules propriétés mécaniques des corps, d'après la considération d'un mouvement interne hypothétique, et la difficulté devient pour ainsi dire insurmontable lorsqu'on veut aborder leurs propriétés chimiques. Sans même essayer de représenter le mode de formation des affinités, et surtout celle des *valences*, on ne pourrait pas réussir à montrer comment les agrégats complexes des molécules des corps composés, ces laborieux et fragiles édifices qu'envisage aujourd'hui la stéréochimie, peuvent supporter ces chocs incessants résultant de la vitesse interne dont on les suppose animés sans se détruire immédiatement, ne fût-ce que sous l'action de la force centrifuge qui viendrait inévitablement à se développer dès qu'ils prendraient un mouvement de rotation sur eux-mêmes.

Il est inutile d'ajouter d'ailleurs que ces objections n'infirment en rien les développements tirés de la théorie mécanique de la chaleur, elles ont seulement pour but d'en écarter la considération du mouvement interne qu'on a voulu y rattacher, simplement pour trouver une explication immédiate des phénomènes de transformation du mouvement extérieur en énergie calorifique.

Il faut observer toutefois que cette hypothèse elle-même est appelée sans doute à subir prochainement des modifications profondes, si la théorie dite *énergétique* qui tend à s'introduire actuellement dans la science réussit à prévaloir de façon définitive.

Cette conception nouvelle part de cette notion que nous sommes incapables de saisir directement la matière aussi bien que la force, puisque les atomes nous échappent au même titre que l'impulsion invisible dont ils sont animés, et nous ne connaissons pas de réalité autre que celle de l'*énergie*, résultante de l'action de ces éléments hypothétiques, force et matière, et qui est au fond le seul phénomène objectif par lequel le monde extérieur se révèle à nous dans toutes les impressions que nous subissons. L'énergie ainsi entendue revêt les manifestations les plus variées sans se créer ni se détruire, elle possède pleinement cette propriété de permanence que nous avons développée plus haut, et qui la caractérise en quelque sorte.

On voit immédiatement que cette théorie n'infirme en rien les conséquences que nous avons déduites relativement à la survivance de l'être conscient, et on peut même estimer que celles-ci y trouveront une confirmation nouvelle, puisque la conscience viendrait toujours prendre place parmi les manifestations de l'énergie, et participerait ainsi à ces propriétés de permanence et de réalité et qu'elle est seule à posséder.

IMPRIMERIE CHAIX, RUE BERGÈRE, 20, PARIS. — 23544-12-93. — (Encre Lorilleux)